The London Treasure Mystery

Un chantier de construction hanté, une forte odeur de cigare,

battant dans les rues de Londres ! Aidés de leur fidèle compagnon Angus, ils doivent résoudre une énigme surgie des siècles passés…

: informations culturelles disponibles en fin d'ouvrage.

**haunted* : hanté.

The next morning
Hello Charlie ! Hello Katy !
Hi Dad.
Hello Mr Whatnot !

Hello Angus ! Pleased to meet you !
WOOF !

*school project : projet scolaire, exposé.

Pour leur Projet d'école

**helmet* : casque.

Hello Boss. Hi kids !
This is Judy Smith. She works here.

Boss, we've got a problem.

*workers : ouvriers. *construction site : chantier.

Where are they ?
They don't want to be here.
Why ?
The workers say the site is...

**ghost* : fantôme.

**tonight* : ce soir.

**case* : affaire criminelle.

Parce que le chantier est ~~enté~~ hanté

That night
This is NOT legal !
Don't worry !
KEEP OUT

OOOOOOOOO
WHOOOOOOO!
Listen ! It's the ghost !
SPOOKY

*smell : sentir.

**over there* : là-bas.

*clue : indice.

du British museum

**turn off* : éteindre, couper.

**parrot* : perroquet.

Il s'appelle le Cheapside treasure

**East Indies* : Indes orientales.

A man called Christopher Adams arrived in London with the treasure in 1663.

Then in 1666…
TRAGEDY !
Dans quelle ville Christopher Adams a-t-il apporté le trésor ?

A Londre

FIRE !
WATER !
HELP !
There was The Great Fire of London 🇬🇧 ! The treasure was lost* !

*lost : perdu.

But in 1912, workers discovered the treasure in Friday Street.
HEY ! Look at this !

Friday Street... interesting ! Come on Charlie. It's time to go.

Outside the museum
WOOF ! WOOF !
OK Angus ! I'm coming !
Wait for us Angus !
WOOF ! WOOF !

*underground : métro.

York Road

**light* : lumière.

What's the matter Charlie ?
I can see another light ! It's a...

...G-G-GHOST TRAIN ! HELP ! We're going to die* !
SPOOKY!
WOOF ! WOOF !

**die* : mourir.

**trapdoor* : trappe.

SLAM !
OH NO !

Charlie ! Quick !
Come and see THIS !

You see ! It's NOT a ghost train Charlie !
It's the train to Paris. This is St Pancras International .

I can smell... FOOD !
DELICIOUS !

5
OH NO !
Look at Angus !
Angus !
Come back !
SNIFF! SNIFF!

Look !
It's Judy Smith !
She is giving the
steward a packet.
Oh no !
There's a bird...
TWEET !
TWEET!
Angus ! Here boy !
Come back !

*stone : pierre.

bird

*emeralds : émeraudes. *missing : manquantes.

Early the next morning
I want to go to sleep !
Wake up Charlie !
This way. Be careful !
DANGER
CONSTRUCTION
AREA
CRASH
AHHHHHHH !

**speaker* : haut-parleur.

**concrete* : béton.

**concrete mixer* : bétonnière.

Who are those people ? What are they doing ?

I'm sure there's a problem.
Hello ! Police !

*wireless : sans fil.

*thief : voleur, voleuse.

I'm NOT a thief !
These are
MY emeralds.
And my name
is NOT Judy Smith.
It's Judy ADAMS.
This is my brother,
John Adams.

**distant relations* : parents éloignés.

**ship* : navire, bateau.

**sick* : malades.
**survives* : survit.

His boss is a rich earl*, Robert Bertie.

He takes the treasure from Christopher.

*earl : comte.

Robert Bertie puts the treasure in a cellar* in Cheapside.
It's here, under this site !

Christopher is very angry. He makes a plan.
It's MY treasure !
Qu'est-il arrivé en 1666 ?

*cellar : cave.

Christopher visits
the cellar in secret.

He extracts
many emeralds
from the parrot.

He puts them in a secret location in the cellar.

Then there is the Great Fire of London.
Christopher dies...
...the treasure is lost.
Que s'est-il passé en 1912 ?

In 1912, workers discover the treasure here in Friday Street, Cheapside...
...but NOT the emeralds !
But Judy knows the secret location of the emeralds !
She uses a wireless speaker to create a ghost in the cellar.
WHOO OOO
OOO

FRIDAY STREET
CITY OF LONDON
The workers think the cellar is haunted ! They leave the site.
Judy takes the emeralds with NO PROBLEM ! Then she goes to St Pancras.
She uses the York Road underground to go to St Pancras.

**accomplice* : complice. **easy* : facile.

**get on* : monter dans un train, un bus.

The train steward puts the emeralds in her food.

Then he serves Judy the food on the train.

Judy arrives in Paris
with the emeralds !

John Adams smokes cigars.
POOH!
He was at the site with Judy...
...and in the British Museum. The SMELL !
And he is the train steward.
He put the emeralds in Judy's food.

*hate : déteste.

OOOOO
OOOO

...ANGUS !
HAHAHA !
Julien Flamand 17

Page 4

Londres, à côté de la cathédrale Saint-Paul
– OK. Il est 5 heures. Cessez le travail. Il est l'heure de rentrer chez soi.
– Écoutez ça. Qu'est-ce que c'est ?
[WHOOOOOOO !] Ouuuuuuuh !

ST PAUL'S CATHEDRAL

La cathédrale Saint-Paul est un l'un des bâtiments emblématiques de Londres. Elle a été construite par l'architecte Christopher Wren sur les ruines de l'édifice médiéval détruit par le Grand Incendie de 1666 (voir page 62). Commencé en 1675, le chantier dura 30 ans.

Page 5

– Le chantier est HANTÉ !
– FUYEZ !
[WHOOOOOOO !] Ouuuuuuuh !

Page 6

Le lendemain matin
– Salut Papa.
– Bonjour Charlie ! Bonjour Katy !
– Bonjour M. Whatnot !
– Bonjour Angus ! Ravi de te rencontrer !
[WOOF !] Ouah !

Page 7

– Alors les enfants, vous visitez le chantier aujourd'hui ?
– Oui, c'est pour un exposé.
– Ici, c'est Papa le patron !
– Voici.
– Merci.

Réponse : Katy et Charlie doivent faire un exposé.

Page 8

– Hé ! J'aime bien ton chapeau !
– Ce n'est PAS un chapeau ! C'est un casque !
– Regarde un peu ! Angus a un casque. Ah ah ah !
[WOOF !] Ouah !

Page 9

– Bonjour Chef. Salut les enfants !
– Voici Judy Smith. Elle travaille ici.
– Chef, on a un problème.

Page 10

– Il n'y a aucun ouvrier ! Jetez un œil ! Le chantier est vide !
[GRRRR] Grrrr

Page 11

– Où sont-ils ?
– Ils ne veulent pas être ici.
– Pourquoi ?
– Les ouvriers disent que le chantier est…

Page 12

– …HANTÉ !
– Il y a un f-f-f-fantôme !
– Ne vous tracassez pas Chef. Je suis certaine que c'est juste de la superstition idiote.
– Hum, je n'en suis pas si sûr.

Page 13

– Katy, Charlie. Rentrez à la maison. Il pourrait y avoir du danger.
– Voilà qui est intéressant. Menons l'enquête ce soir.
– Oh NON ! ENCORE une affaire !

Réponse : Les ouvriers croient que le chantier est hanté.

Page 14

Cette nuit-là
– C'est ILLÉGAL !
– Ne t'en fais pas !
– Tu entends ! C'est le fantôme !
[KEEP OUT] Défense d'entrer
[OOOOOOOO !] Ouuuuuuuh !
[WHOOOOOOO !] Ouuuuuuuh !
[SPOOKY] (Ça donne des frissons, la chair de poule.)

Page 15

– BEURK ! Ça sent le… CIGARE !
– C'est intéressant. Les ouvriers ne fument pas le cigare. RÉFLÉCHISSONS !
– Qu'est-ce que tu vois Angus ?
[WOOF !] Ouah !

Page 16

– Regarde ! Là-bas ! Il y a deux personnes !
– Qu'est-ce qu'il y a Angus ?
[SNIFF ! SNIFF !] Snif ! snif !

Page 17

– Regarde ça ! C'est un billet de musée.
– C'est peut-être un indice. Allons-y demain.
– OK. C'est toi le chef. Où se trouve ce musée… Ah ! Le voici !
– Prochain arrêt : station Tottenham Court Road.

Réponse : Ils vont se rendre au British Museum.

Page 18

Au British Museum, le lendemain matin
– LOVE ! LOVE ! LOVE !!
– Charlie ! Tiens-toi tranquille ! Éteins ta musique. TOUT DE SUITE. C'est un musée.
– Par ici.
[THE CHEAPSIDE TREASURE EXHIBITION] Exposition sur le trésor de Cheapside

THE BRITISH MUSEUM

Le British Museum est l'un des plus importants musées au monde. Ses collections sont d'une grande richesse et couvrent tous les continents et toutes les époques. Y sont exposées des pièces célèbres comme la pierre de Rosette – qui permit de déchiffrer les hiéroglyphes –, des tablettes d'argile sumériennes – premiers témoignages de l'écriture –, les sculptures du Parthénon…

Page 19

– WAHOU ! Regarde ce perroquet !
– Ça sent DE NOUVEAU le cigare ! Berk !
– Bonjour les enfants. Je travaille ici.
– Le trésor vous intéresse ?
– Oui, bien sûr !

Réponse : Le trésor de Cheapside.

Page 20

– Il provient des Indes orientales. Il est très ancien.
– La traversée depuis les Indes orientales est longue et difficile.

Page 21

– En 1663, un homme du nom de Christopher Adams arriva à Londres avec le trésor.
– Puis en 1666…
– LE DRAME !

Réponse : Christopher Adams est arrivé à Londres avec le trésor.

Page 22

– AU FEU !
– DE L'EAU !
– AU SECOURS !
– Le Grand Incendie de Londres s'est déclaré. Le trésor a été perdu.

THE GREAT FIRE OF LONDON

Le Grand Incendie de Londres se déclare le 2 septembre 1666 et dure près de 4 jours. Il serait parti d'un four de boulanger mal éteint. Les dégâts sont considérables : plus de 13 000 maisons en bois et 80 églises sont détruites. Des milliers de personnes se retrouvent à la rue du jour au lendemain.

Page 23

– Mais, en 1912, des ouvriers ont découvert le trésor dans Friday Street.
– HÉ ! Regardez-moi ça !
– Friday Street… intéressant ! Allez Charlie. C'est l'heure d'y aller.

Page 24

À l'extérieur du musée
– Oui Angus ! J'arrive !
– Attends-nous Angus !
[WOOF ! WOOF] Ouah ! ouah !
[WOOF ! WOOF] Ouah ! ouah !

Page 25

– Où nous trouvons-nous ?
– York Way. C'est une ancienne station de métro.
– Angus ! Suivons-le !
– Encore ! Oh non !
[WOOF ! WOOF] Ouah ! ouah !
Réponse : York Road.

Page 26

– Pourquoi on se retrouve toujours dans des tunnels abandonnés ?
– C'est quoi cette lumière bleue ?
– C'est magnifique !
[SNIFF ! SNIFF !] Snif ! snif !

Page 27

– Qu'est-ce qu'il y a Charlie ?
– Je vois une autre lumière ! C'est un…
– …T-T-TRAIN FANTÔME ! AU SECOURS ! On va mourir !
[SPOOKY] (Ça donne des frissons, la chair de poule.)
[WOOF ! WOOF] Ouah ! ouah !

Page 28

– Tout va bien Charlie ! Ce n'est pas un train. C'est une trappe ! Allez !
– C'est reparti Angus !
– PFFFF ! Attends-nous Katy !

Page 29

– OH NON !
– Charlie ! Viens vite ! Regarde-moi ÇA !
[SLAM !] Vlan !

Page 30

– Tu vois ! Ce n'est pas un train fantôme Charlie !
– C'est le train pour Paris. C'est la gare internationale de St Pancras.

ST PANCRAS INTERNATIONAL

La gare internationale de St Pancras accueille depuis 2004 les trains Eurostar en provenance du Continent.

Page 31

– Ça sent… la NOURRITURE ! DÉLICIEUX !
– OH NON ! Regarde Angus !
– Angus ! Reviens !
[SNIFF ! SNIFF !] Snif ! snif !

Page 32

– Regarde ! C'est Judy Smith. Elle donne un paquet au steward.
– Oh non ! Il y a un oiseau…
– Angus ! Au pied ! Reviens !
[TWEET ! TWEET !] Cui-cui !

Page 33

De retour dans le tunnel
– Pourquoi la pierre est-elle dans ce tunnel ? D'où provient-elle ?
– RÉFLÉCHISSONS…
– Tiens regarde ! C'est l'oiseau de la gare.
– Oiseau ? Tu as bien dit *oiseau* ? Mais oui, bien sûr ! Je le sais…
[TWEET ! TWEET !] Cui-cui !
Réponse : Parrot.

Page 34

– ...le trésor de Cheapside ! Souviens-toi du PERROQUET bleu ! Des émeraudes manquaient.
– Oui ! C'est une ÉMERAUDE du perroquet bleu !
– Où sont donc les autres émeraudes ?
– Le chantier de mon père se trouve à CHEAPSIDE…
– ...dans FRIDAY STREET !! On y retourne demain !

Page 35

Le lendemain matin tôt
– Je veux aller me coucher !
– Réveille-toi Charlie ! Par ici. Sois prudent !
– AHHHHHHH !
[DANGER CONSTRUCTION AREA] Danger chantier [CRASH] Crac !

Page 36

– Katy ! Ça va ?
– Oui, mais regarde donc ce pauvre Angus.
– Il y a un haut-parleur.
– Voilà qui EST intéressant !
– ET VOICI LES ÉMERAUDES !

Page 37

– Écoute bien ! J'entends…
– ...du béton ! Charlie ! Appelle pour demander de l'aide !
– Je ne peux pas ! Je n'ai pas de réseau !
[SPLOOSH !] Splash !
[GLUG GLUG !] Glou glou !

Page 38

– LOVE ! LOVE ! LOVE !!
– C'est étrange. J'entends la chanson préférée de Charlie.
– Que fait cette bétonnière ici ?

Page 39

– Qui sont ces gens ? Qu'est-ce qu'ils fabriquent ?
– Je suis certain qu'il y a un problème
– Allô ! La police !

Page 40

Plus tard…
– Tu es sain et sauf ! Tout ça grâce à ta musique Charlie !
– Le haut-parleur est sans fil. Je me suis connecté par Bluetooth à ma musique.
– Judy et un autre homme sont ici avec la police. Je ne comprends pas !
– M. Whatnot, j'ai une chose importante à dire !

Page 41

– Judy Smith. Vous êtes une voleuse !
– NON ! Judy ! Une voleuse ! Comment est-ce possible ?
[GASP !] Ahhhh !
Réponse : Christopher Adams.

Page 42

– Je ne suis PAS une voleuse ! Ce sont MES émeraudes.
– Et mon nom n'est PAS Judy Smith. C'est Judy ADAMS.
– Voici mon frère, John Adams.

Page 43

– Nous sommes des parents éloignés de Christopher Adams.
– Qui est Christopher Adams ?
– Écoutez l'histoire de ma famille...

Page 44

– Christopher travaille sur un vaisseau.
– Ce vaisseau rapporte un trésor des Indes orientales.

Page 45

– Le capitaine et ses hommes sont très malades. Ils meurent TOUS…
– …mais Christopher survit. Il revient à Londres avec le trésor.

Page 46

– Son patron est un riche comte, Robert Bertie.
– Il reprend le trésor à Christopher.

Page 47

– Robert Bertie place le trésor dans une cave à Cheapside.
– C'est ici même, sous ce chantier !
– Christopher est très en colère. Il conçoit un plan.
– C'est MON trésor !

Réponse : Le Grand Incendie de Londres se déclare en 1666.

Page 48

– Christopher inspecte secrètement la cave.
– Il extrait de nombreuses émeraudes du perroquet.

Page 49

– Dans la cave, il les cache dans un lieu secret.
– Puis le Grand Incendie de Londres se déclare.
– Christopher meurt…
– ...le trésor est perdu.

Réponse : En 1912, des ouvriers découvrent le trésor.

Page 50

– En 1912, des ouvriers découvrent le trésor dans Friday Street, à Cheapside…
– ...mais PAS les émeraudes !
– Toutefois, Judy connaît l'endroit où sont cachées des émeraudes !
– Elle utilise un haut-parleur sans fil pour créer un fantôme dans la cave.

[WHOOOOO !] Ouuuuuh !

Page 51

– Les ouvriers croient que la cave est hantée ! Ils abandonnent le chantier.
– Judy récupère SANS PROBLÈME les émeraudes. Puis elle se rend à St Pancras.
– Elle emprunte le tunnel du métro York Road pour aller à St Pancras.

Page 52

– Elle arrive à la gare internationale de St Pancras.
– Elle remet les émeraudes à son complice. Il est steward dans le train.
– Le reste est facile.

Page 53

– Elle revient à St Pancras et achète un billet de première classe pour Paris.
– C'est une passagère à présent.
– Elle monte dans le train.

Page 54

– Le steward place les émeraudes dans ses plats.
– Puis il lui sert les plats dans le train.

Page 55

– Judy arrive à Paris avec les émeraudes !

Page 56

– John Adams fume le cigare.
– Il se trouvait sur le chantier avec Judy…
– ...et au British Museum. L'ODEUR !
– Et il est steward dans le train.
– Il met les émeraudes dans les plats.

[POOH !] Beurk !

Page 57

– C'est MON trésor ! Je VOUS déteste!
– Bien joué les gamins !
– Oh, ce n'était rien, vraiment !
– OH NON ! ÉCOUTE-MOI ÇA !
– Non ! C'est impossible. C'est…

[OOOH OOOOOH !] Ouuuh ouuuuh !

Page 58

[OOOOOOOOH OOOOOOOOH !] Ouuuuuuuh ouuuuuuuh !

Page 59

– ...ANGUS !

[HAHAHA !] Ah ah ah !